Ich kann lesen!

Die besten Geschichten zum Selberlesen

Michael Ende | Max Kruse
Otfried Preußler u. a.

Die besten Geschichten zum Selberlesen

Thienemann

Inhaltsverzeichnis

Michael Ende | Manfred Schlüter

Der Lindwurm und der Schmetterling

Einst war ein finstrer Felsenturm
bewohnt von einem Drachenwurm.
Der spuckte Feuer hint' und vorn,
war voller Stacheln und voll Zorn.

Doch eines Tags kam zu Besuch
Professor Hicks mit einem Buch.
Er forschte vorn und forschte hint',
furchtlos, wie solche Leute sind.

Er maß das Tier voll Wissensdrang:
Mit Schwanz war's dreißig Meter
lang!

Das undankbare Scheusal fraß
den Forscher samt dem Metermaß.

Zur Reue sah es keinen Grund,
es war voll Bosheit, doch gesund.

Jedoch – das Buch war unverdaulich!
Dem Drachen wurde grimm und
graulich,
drum spuckte er aus seinem Bauch
das Buch und den Gelehrten auch.

Der Forscher, ohne Abschiedswort,
nahm seine Brille und ging fort.
Doch schau! Das Buch ließ er
zurücke,
sei's aus Zerstreutheit, sei's aus
Tücke.

Der Drache fing zu lesen an.
Das hätt' er besser nicht getan!
Denn kaum hatt' er hineingeguckt,
da las er schwarz auf weiß gedruckt,
dass jeder Wurm, der Feuer spei,
ganz einwandfrei ein LINDWURM sei.
Der Drache schrie, vor Wut fast blind:
„Ich bin nicht lind! Ich bin nicht
LIND!!!"

Das Buch zerriss er kurz und klein,
er wollte halt kein LINDWURM sein.
Und zum Beweise seines Grimmes
tat er den ganzen Tag nur
Schlimmes.

Was er auch tat, der Wurm blieb
LIND.
Da weint' er schließlich wie ein Kind,
er ging von nun an nie mehr aus
und lag mit Kopfweh krank zu Haus.

Auf einer Wiese voller Pflanzen
übt' sich ein Kohlweißling im Tanzen.
Er war von zärtlichem Gemüte
und sehr galant zu jeder Blüte.

Doch auch mit den Kohlweißlings-
mädchen dreht' er den Walzer wie
auf Rädchen.

Er war empfindsam und bescheiden,
vor allem konnt' er Lärm nicht
leiden.
Ihn machte das Verkehrsgetöse
der nahen Straße richtig böse.
Drum sucht' er in des Waldes
Gründen
die Ruhe, die er liebt, zu finden.

Kaum war er dort, kam eine Hummel
des Wegs daher mit viel Gebrummel.
Der Kohlweißling rief: „Unerhört!

Auch hier wird man durch Lärm
gestört!"
Die Hummel brummte: „Dummes
Ding!
Du heißt ja sogar SCHMETTERLING!"
Der Kohlweiß ward vor Schreck
kohlweiß:

„Wie furchtbar, dass ich SCHMETTER
heiß!"

Von nun an tanzte er nicht mehr,
ging nur auf Zehen noch umher –
doch der Erfolg war sehr gering:
Er war und blieb ein
SCHMETTERLING.

Verzweifelt rang er seine Beine,
zog sich zurück und haust' alleine
als Eremit in einer Wüste,
wo er für sein Geschmetter büßte.

Doch eines Tags kam eine Schlange
vorbei im Zickzack-Schlendergange.

Die sprach: „Es ist direkt zum
Lachen!
Ich kenne nämlich einen Drachen,
der grämt sich, weil er LINDwurm
heißt.
Tja ja, so ist das Leben meist."

Drauf zwinkert' sie mit List im Blick
und zog davon im Zack und Zick.

Der Schmetterling bedachte lange
die klugen Worte jener Schlange.
Er grübelt' vierzehn Tage fleißig,
dann rief er plötzlich: „Ha, jetzt
weiß ich!"

Er packte etwas Proviant
und reiste lange über Land,
bis er, wenngleich auch höchst
beklommen,
zu jenem Drachenturm gekommen.

Am Boden lagen bleiche Knochen –
der Wandersmann wagt' kaum zu
pochen.

Doch schließlich trat er in den Turm.
Im Bett lag krank der Drachenwurm
und fing sofort zu jammern an.

Der Schmetterling jedoch begann:
„Ich hab gehört, was Ihnen fehlt.
Wie wär's, wenn wir, was jeden quält,
ganz einfach tauschten miteinand'?
Ich werde SCHMETTERLING
genannt."

Der Lindwurm, der verstand erst
nicht,
doch bald verklärt' sich sein Gesicht,
und als er schließlich ganz verstand,
da schüttelt' er dem Gast die Hand

(ganz überaus behutsam freilich!).
Er holt' Papier und Tinte eilig,
der Tausch ward schriftlich
festgelegt.
„Gemacht!", rief jeder tief bewegt,
und Arm in Arm verließ' den
Turm ...

ein *Lindling* und ein
Schmetterwurm.

Joachim Friedrich | Heribert Schulmeyer

Mein bester Freund
und die Außerirdischen

Oma hat mir ein Bilderbuch
geschenkt. Das handelt vom
Weltraum. Toll!
Im Weltraum gibt es Planeten.
Manche Planeten sind rot. Manche
Planeten haben einen Ring um sich
herum. Es gibt sogar Planeten, die
ganz viele Monde haben.

Ob es da auch Außerirdische gibt?

„Du, Papa?", frage ich Papa.

Papa hört auf Zeitung zu lesen.

„Ja, Moritz? Was willst du wissen?"

„Gibt es Außerirdische?"

„Kann schon sein", sagt Papa.

„Manche Leute sagen sogar, einige

von ihnen wären schon auf der Erde gelandet."

„Echt? Wie denn?", rufe ich.

„Mit fliegenden Untertassen", sagt Papa.

„Untertassen?", rufe ich. „Wie die von Tante Lisbeths Geschirr, von denen ich mal eine kaputt gemacht habe?"

„Etwas größer sind die Untertassen schon!", lacht Papa. „Schließlich müssen Außerirdische darin Platz haben."

„So groß wie Suppenteller?", frage ich.

„Kann schon sein", sagt Papa.

„Und die Außerirdischen sind jetzt hier auf der Erde?", frage ich.

„Kann schon sein", sagt Papa.

Das sagt Papa immer, wenn er es nicht so genau weiß. Mein Papa weiß viel, aber nicht alles.

Ich gehe lieber zu Max. Max ist mein bester Freund. Max war schon mein bester Freund, als wir noch ganz klein waren. Damals gingen wir in

den Kindergarten. Jetzt sind wir groß
und gehen in die Schule.

Max ist Sheriff, Rennfahrer,
Forscher, Cowboy und Ritter.

Dafür bin ich Detektiv, Astronaut,
Indianer, Seeräuber und Geisterjäger.

„Komm, wir gehen zu Max", sage ich
zu Heinz-Willi.

Heinz bellt und Willi freut sich.

Heinz-Willi ist mein Dackel.

Max hätte auch gerne einen Hund. Er
kriegt aber keinen.

Darum habe ich ihm eine Hälfte von
Heinz-Willi geschenkt.

Jetzt gehört mir die vordere und Max
die hintere Hälfte.

Meine Hälfte heißt Heinz und seine
Hälfte heißt Willi. Genau in der Mitte
haben wir einen Ring aus Leuchtfarbe
gemalt.
Jetzt wissen wir, wo Heinz aufhört
und wo Willi anfängt.

„Kennst du Außerirdische?", frage
ich Max.

„Die kenne ich!", ruft Max.

„Mein Papa sagt, die Außerirdischen
kommen in Suppentellern. So, wie die
von Tante Lisbeth", erkläre ich Max.

„Glaube ich nicht!", ruft Max.

„Sagt mein Papa aber", sage ich.

„Weiß dein Papa denn auch, wo die
sind?", fragt Max. „Oder wie die
aussehen? Oder wie der Suppenteller
von deiner Tante fliegen kann?"

Ich schüttele den Kopf. „Das weiß
mein Papa auch nicht."

Max und ich überlegen lange, wie die
Außerirdischen aussehen könnten.

Wie Monster?
Oder wie Tiere?
Etwa wie Heinz-Willi?
Vielleicht sehen
sie aber auch
ganz normal aus.
So, wie Max und ich
oder wie Papa.

Noch länger überlegen wir, wo die
Außerirdischen wohl sein könnten.
Bei uns in der Stadt?
Oder im Wald?
Oder in der Wüste?
Vielleicht unter Wasser?
„Die sind bestimmt hier irgendwo!",
rufe ich.
Wir gucken in mein Bilderbuch.
Da steht leider nichts über
Außerirdische drin.
„Wir fragen Frau Meise!", ruft Max.
Das ist eine gute Idee.
Frau Meise ist unsere Lehrerin. Sie
ist die tollste Lehrerin der Welt. Sie
weiß alles!

„Gibt es Außerirdische, Frau
Meise?", frage ich unsere Lehrerin
in der Schule.
„Außerirdische! Die gibt es doch gar
nicht!", kreischen Evi und Sarah.
Evi und Sarah sind auch in unserer
Klasse. Sie ärgern Max und mich
immer. Sie sind echt doof!

„Warum soll es keine Außerirdischen geben?", fragt Frau Meise. „Die Erde ist ein Planet im Weltall. Aber außer der Erde gibt es dort noch viele andere Planeten. Es gibt mehr davon als Sandkörner in der Wüste."

„Booooh!", rufen wir alle.

„Und auf denen leben Außerirdische?", fragt Max.

„Nicht auf allen. Aber auf manchen vielleicht schon", sagt Frau Meise.

„Und sie kommen in Suppentellern
auf die Erde?", frage ich.
„Vielleicht!", lacht Frau Meise.
„Wenn sie uns tatsächlich auf der
Erde besuchen könnten, müssten sie
sehr schlau sein. Viel schlauer als wir
Menschen."

„Frau Meise sagt, Außerirdische sind
sehr schlau", erzähle ich Papa beim
Mittagessen.
„Kann schon sein", sagt Papa mit
vollem Mund.
Ich darf das nicht.
„Sind sie denn auch schlauer als du,
Papa?"

Papa schluckt und sagt: „Kann schon sein."

„Wer ist denn schlauer als du, Papa?", frage ich.

Papa überlegt lange. Dann sagt er: „Jemand, der die Spielsachen aus einem Überraschungsei richtig zusammenbauen kann."

Das stimmt. Die macht Papa immer kaputt.

Am Nachmittag gehe ich zu Max.

Max gibt Heinz einen Hundekuchen.

Da freut sich Willi.

„Mein Papa sagt, Außerirdische können Spielsachen aus einem

Überraschungsei richtig zusammenbauen", erzähle ich Max.

„Sollen wir Außerirdische suchen?",
fragt Max.

„Klar!", rufe ich. „Ich bin Astronaut
und du bist Forscher!"

Gut, dass ich einen Helm habe. Von
Papas Motorrad! Er ist ein bisschen
zu groß. Macht aber nix.

Ich bin trotzdem Astronaut.

Gut, dass Max ein Fernrohr hat. Zu Weihnachten bekommen! Darum ist er Forscher.

Ich nehme noch einen Suppenteller von Tante Lisbeth mit. Heimlich!

„Wir brauchen noch ein Überraschungsei", sage ich.

Leider haben Max und ich kein Überraschungsei.

Wir fragen Mama, ob wir ein Überraschungsei bekommen.

Leider bekommen wir kein Überraschungsei.

„Ihr dürft nicht so viel Süßes essen", sagt Mama.

„Wir fragen Evi und Sarah", sagt
Max. „Die dürfen immer viel mehr
Süßes essen als wir."
„Klar haben wir ein Überraschungs-
ei", sagt Evi. „Noch von meinem
Geburtstag!"
„Das kriegt ihr aber nicht!", ruft

Sarah. „Oder nur, wenn ihr sagt, was
ihr damit wollt."

„Wir suchen Außerirdische", sage
ich.

„Und die können Spielsachen aus
Überraschungseiern zusammenbauen", sagt Max.

„Stimmt gar nicht!", ruft Sarah.

„Wohl! Mein Papa sagt das auch!",
rufe ich.

„Dann wollen wir mitkommen!", ruft
Evi.

„Nur, wenn wir das Überraschungsei
bekommen", sagt Max.

„Erst, wenn wir die Außerirdischen
gefunden haben", sagt Sarah.

Wir suchen nach einem
Außerirdischen, der
auf einen Suppenteller passt.
Wir suchen auf der Straße.

Wir suchen auf dem Hof.

Wir suchen auf dem Spielplatz.

Wir suchen im Garten.

Leider finden wir keinen Außerirdischen.

„Es gibt nicht viele Außerirdische
hier", sagt Max.

„Überhaupt keine", sagt Evi und hält
ihr Überraschungsei fest.

„Guckt mal!", ruft Max und zeigt in
Frau Kleinlichs Garten. Dort sitzen
Hühner.

Frau Kleinlich ist unsere Nachbarin.

Sie schimpft immer mit uns.

Ein Huhn sitzt vor dem Hühnerstall.

„Das passt auf einen Suppenteller!",
rufe ich. „Vielleicht ist es ja ein
Außerirdischer?"

Max legt sich auf den Bauch.

„Ich bin Max. Ich bin ein Forscher
von der Erde", sagt Max.

„Gack!", sagt das Huhn.

„Die Außerirdischen heißen Gack!",
ruft Max.

„Ihr seid doof", sagt Sarah.

Max nimmt eine Feder von dem Huhn
und guckt durch sein Fernglas.

„Wie sieht das aus?", frage ich.

„Außerirdisch", sagt Max.

„Wenn es ein Außerirdischer ist,
muss es in einem Suppenteller fliegen
können", sage ich.

„Das probieren wir aus!", ruft Max.

Wir wollen Frau Kleinlichs Huhn auf
den Suppenteller setzen.

Es will aber nicht.

Es flieht in seinen Stall.

„Sollen wir ihm nach?", frage ich.

„Klar!", ruft Max.

„Heinz-Willi kann es fangen. Heinz-
Willi ist stärker als Außerirdische",
sage ich.

„Heinz-Willi ist unverwundbar", sagt
Max.

„Ihr seid doof", sagen Evi und Sarah.
Sie kommen aber trotzdem mit.
Im Stall sind viele Hühner. Sie
können auch ohne Suppenteller
fliegen.
Wir wollen trotzdem eines fangen.
Heinz-Willi hilft uns.

Die Hühner fliegen herum und
machen: „Gack! Gack!"

Endlich können wir ein Huhn fangen.
Ich halte Tante Lisbeths Suppenteller
fest.
Max setzt den Außerirdischen auf
den Teller.
„Jetzt los!", rufe ich.
Max und ich werfen den Teller mit
dem Außerirdischen hoch.
Beide können fliegen!
Leider jeder in eine andere Richtung.
Der Außerirdische fliegt immer
noch.
Der Teller fällt auf den Boden.

Zum Glück geht er nicht kaputt.
„Jetzt brauchen wir noch das
Überraschungsei", sagt Max.

„Das bekommt ihr aber nicht!",
ruft Evi.
„Warum denn nicht?", rufe ich.
„Weil ihr keine Außerirdischen
gefunden habt!", ruft Sarah.

„Nur Hühner!"

„Außerirdische Hühner!", ruft Max.

„Versprochen ist versprochen!", rufe ich.

Max will Evi das Überraschungsei wegnehmen.

Die will aber nicht.

Max und Evi kämpfen.

Ich helfe Max, und Sarah hilft Evi.

Dann rennen Evi und Sarah weg.

Das Überraschungsei nehmen sie mit.

Ich will Tante Lisbeths Teller aufheben.

„Da liegt ja ein Ei drauf!", rufe ich.

„Ein Überraschungsei?", fragt Max.

„Kann schon sein", sage ich.

Wir gucken nach. Ist aber leider kein
Überraschungsei.
Nur ein Hühnerei. Ganz glibberig!
Wir finden noch mehr Eier. Die sind
auch glibberig.
Dann kommt Frau Kleinlich. „Was
sucht ihr hier?", schimpft sie.
„Außerirdische", sagt Max leise.
Ich kann gar nichts sagen.
„Alle Eier habt ihr kaputt gemacht!",
schimpft Frau
Kleinlich.
Mama und Papa
kommen auch.
Max und ich müssen
erst erklären, warum

wir die Eier kaputt gemacht haben.
Dann müssen wir versprechen, es
nie, nie wieder zu machen.
Wir versprechen es. Logisch!

Dann kaufen Mama und Papa Frau
Kleinlichs kaputte Eier.
„Die gibt es heute zum Abendessen",
sagt Mama.
„Rühreier von Außerirdischen", sagt
Papa.

Rätsel

Was sehen die Kinder im Tunnel?
Entschlüssle die Wörter! Was passt nicht?
Tipp: Die Zahlen stehen für die Stellung
des Buchstabens im Alphabet,
1 = A, 2 = B, usw.

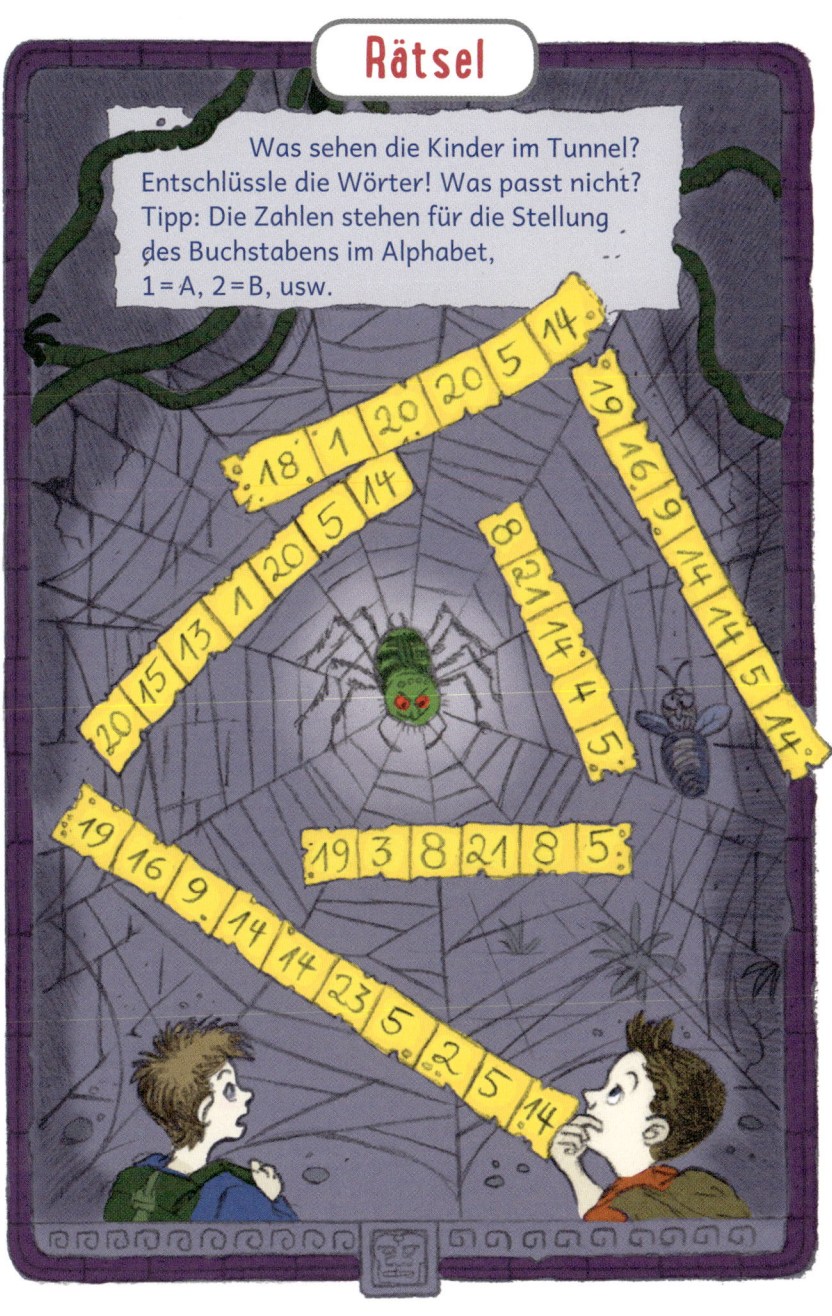

Ursula Wölfel | Bettina Wölfel

Das blaue Wagilö

In Afrika, im weiten Steppenland, da
leben die grauen Warzenschweine.
Sie wühlen mit den Zähnen in der
Erde und fressen Gras und graben
Wurzeln aus, und wenn sie satt
sind, liegen sie im Schlammloch, und
abends laufen sie zum Teich und
trinken.
Nur eins von diesen grauen Warzen-

schweinen will immer ganz allein sein
Futter suchen. Es findet alle andern
Warzenschweine hässlich. Zu denen
will es nicht gehören.
Es weiß doch gar nicht, dieses
Warzenschwein, dass es genauso

aussieht wie die andern, so dick und grau wie alle Warzenschweine.

Es schreit, wenn sie in seine Nähe kommen, und stößt nach ihnen mit langen Zähnen.

Es liegt allein in einem kleinen Schlammloch, und morgens läuft es ganz allein zum Teich.

Es will nicht mit den andern Wasser trinken.

Sie sollen ihm den Teich nicht schmutzig machen.

Doch einmal ist der Teich so still und klar, dass sich das Warzenschwein im Wasser spiegelt.

Da sieht es nun zum ersten Mal sich
selbst!
Es merkt, dass es so aussieht wie
die anderen, so dick und grau
wie alle Warzenschweine.
Und große Warzen hat es im
Gesicht!

Zuerst erschrickt es, dann schreit
es laut und stampft so wild und
wütend mit den Füßen, dass alle
Vögel aus den Nestern flattern.
Dann weint das arme Tier zwei große
Tränen.
Im Wasser schwimmen viele bunte
Fische.

 Der größte ist so blau wie
Himmelsbläue, und seine
Schuppen blitzen in der Sonne.
Da denkt das Warzenschwein: „Wie
schön er ist! Und ich bin überall so
grau und hässlich! Ach, wäre ich so
blau wie dieser Fisch!"

Es läuft zurück zu seinem kleinen
Schlammloch und mag den ganzen
Tag nichts fressen.
Es denkt nur immer an den blauen
Fisch.
Es möchte einmal auch ein schönes
Tier sein, kein Warzenschwein mehr.
Traurig schläft es ein.

Und morgens, als es wach wird, ist
es blau, ganz blau ist es geworden,
überall!
Das Warzenschwein ist sehr vergnügt
und stolz und rennt, so schnell es
kann, hinaus ins Buschland.
Nun sollen alle andern Tiere sehen,
wie schön dies Warzenschwein
geworden ist!

Im Buschland draußen trifft es die
Giraffen. Sie fressen grüne Blätter
von den Bäumen.
Was will das blaue Warzenschwein
da unten? Es quiekt und grunzt und
scharrt mit den Füßen.

Doch die Giraffen fressen einfach
weiter.
Da denkt das Warzenschwein:
„Wie schön sie sind! Wie stolz sie
aussehn mit den langen Hälsen!
Und ich muss überall so kurz und
dick sein. Ach, hätte ich doch einen
langen Hals!"

Es läuft zurück zum kleinen
schwarzen Schlammloch und denkt
den ganzen Tag an die Giraffen.
Dann schläft es ein.
Und morgens, als es wach wird, da
hat es wirklich einen langen Hals.
Da hat es einen Hals wie die Giraffen!

Das Warzenschwein
ist sehr vergnügt und
stolz und rennt, so schnell es kann,
hinaus ins Grasland.
Ein Löwe lauert da im hohen Gras,
und seine Mähne schimmert in der
Sonne.

Das Warzenschwein erschrickt und rennt schnell weg.

Es denkt: „Wie schön und stark der Löwe ist! Wie prächtig sieht er aus mit seiner Mähne! Und ich bin nackt und habe gar kein Fell. Ach, hätte ich doch eine Löwenmähne!"

Es läuft zurück zum kleinen schwarzen Schlammloch und denkt den ganzen Tag nur an den Löwen. Dann schläft es ein.
Und morgens, als es wach wird, da hat es wirklich eine Löwenmähne! Das Warzenschwein ist sehr vergnügt und stolz und rennt, so schnell es

kann, zu allen Tieren am Fluss und überall im weiten Steppenland, damit sie jetzt doch endlich alle sehen, wie schön das Warzenschwein geworden ist.

Doch alle Tiere laufen vor ihm weg. Sie fürchten sich vor seiner Löwenmähne.

Die Affen kreischen, und das Nashorn
brüllt, das Krokodil schlägt wütend
mit dem Schwanz, und alle Vögel
schreien aufgeregt: „Was bist du
für ein Tier? Sag deinen Namen!
Was bist du für ein Tier? Sag deinen
Namen!"
Was soll das blaue Warzenschwein
da sagen?
Es denkt: „Ich bin doch jetzt ein
neues Tier, mit dieser wunderbaren
blauen Farbe, mit diesem langen
Hals und dieser Mähne! Ich
muss jetzt einen neuen Namen
haben."

Es läuft zurück zu seinem schwarzen Schlammloch und denkt den ganzen Tag darüber nach.

Es denkt: „Was bin ich jetzt? Wie soll ich heißen? Die Tiere haben alle schöne Namen. Sie heißen Löwe oder Antilope. Giraffe, Perlhuhn oder Schmetterling. Nur ich habe keinen eigenen Namen mehr, ich armes Tier! Und niemand kann mich rufen! Ich laufe weg, ich will die Menschen fragen. Die klugen Menschen wissen alle Namen."

Es macht sich also auf den Weg zur Stadt.

Es wandert durch das Buschland und
das Grasland, und wo das Grasland
aufhört, ist die Wüste.
Die Wüste ist ganz leer und riesen-
groß.
Da gibt es überall nur Sand und
Steine, nur Disteln wachsen da und

Stachelpflanzen, kein frisches Gras
und keine guten Wurzeln.
Da gibt es nirgendwo ein kühles
Schlammloch und keinen Teich mit
Wasser, nur die Wüste.

Die Sonne brennt, der Sand ist heiß
und steinig.
Das blaue Warzenschwein kann kaum
noch laufen.

Da rennt der Vogel Strauß an ihm
vorbei.
Gleich denkt das Warzenschwein:
„Wie schön er ist! Wie schnell er
laufen kann, der Vogel Strauß! Und
ich, mit meinen kurzen Schweine-
beinen, ich bleibe hier im tiefen Sand
noch stecken! Ach, hätte ich doch
solche Vogelbeine!"
Es legt sich in ein heißes Wüsten-
sandloch und schläft gleich ein.

Und morgens, als es wach wird, da
hat es wirklich hohe Vogelbeine, da
hat es Beine wie der Vogel Strauß!

Das Warzenschwein ist wieder sehr
vergnügt.
Schon rennt es los und kommt auch
bald zur Stadt.

Dort laufen alle Leute auf die Straße.
Sie haben solch ein Tier noch nie
gesehen.

„Ein Wundertier!", ruft einer. „Ich hab
Angst! Ein blaues Warzenschwein
mit Straußenbeinen: Wer weiß, ob
das nicht großes Unglück bringt?"
Da schreit das Tier vor Wut und will
ihn beißen.
„Du bist verrückt!", ruft eine Frau.

„Ich sage: Dein Wundertier ist eine
Blaugiraffe!"
Ein Junge ruft: „Es ist ein blauer
Löwe!"
Da laufen viele Leute weg vor Angst,
und keiner hilft dem armen blauen
Tier und sagt ihm endlich, wie es
heißen soll.

Da ruft das Mädchen mit dem roten
Kleid: „Ein Wa-gi-lö, ein blaues
Wagilö!"

Da tanzt das Tier! Es reckt den
langen Hals und schüttelt seine
schöne Löwenmähne und hebt die
hohen Straußenbeine auf

und hüpft und springt und tanzt,
so glücklich ist es!
Und alle Leute klatschen in die
Hände, und alle Kinder rufen:
„Weiter! Weiter!"
Es tanzt und tanzt und wird davon so

müde, dass seine Beine nicht mehr
tanzen können, und mitten auf der
Straße schläft es ein.

Es schläft zu fest, denn morgens,
als es wach wird, da sitzt das arme
Wagilö im Käfig.
Die Leute haben es hinein-
geschleppt, sie haben es gefangen,
als es schlief.
Am Käfig hängt ein Schild mit seinem
Namen.
Sie haben ihm auch Wasser hin-
gestellt und einen Brocken Fleisch
dazugelegt, und auch gute süße
Wurzeln und Salat.

Das Wagilö mag gar nichts davon
fressen.
Die Leute stehen draußen vor
dem Gitter, und auch das Mädchen
mit dem roten Kleid ist wieder
da.
Die Kinder rufen: „Liebes Wagilö!
Du schönes Tanztier, bitte tanz doch
wieder!"
Wie soll es hier im engen Käfig
tanzen?
Wie soll es tanzen, wenn es traurig
ist?
Das Wagilö sitzt in der Käfigecke und
sieht die Vögel durch den Himmel
fliegen.

Es denkt: „Wie schön und frei sie
fliegen können! Und ich muss hier
im engen Käfig sitzen. Ach, hätte
ich doch Flügel wie die Vögel!"
Es denkt den ganzen Tag nur an die
Vögel, es frisst nicht und es trinkt
nicht und es tanzt nicht.
Dann schläft es ein.
Und morgens, als es wach wird,
hat es wirklich große blaue Flügel.
Das Wagilö kann fliegen! Es ist frei.
Die vielen guten Sachen aus dem
Käfig, die möchte es den andern
Tieren schenken, die nimmt es mit:
die Wurzeln und das Fleisch und
den Salat und auch den Wassernapf.

So fliegt es fröhlich aus dem Käfig
fort!
Es wirft dem Mädchen mit dem roten
Kleid zwei große blaue Federn in den
Garten, von jedem schönen neuen
Flügel eine.

Es will sich bedanken für den Namen.
Das Mädchen sieht die Federn auf
dem Weg und steckt sie sich ins Haar
und freut sich sehr.

Das Wagilö fliegt weiter bis zur
Wüste, und schenkt dem Vogel
Strauß den Wassernapf.
Vor Freude hüpft der Strauß im
Sand umher. Jetzt kann er Tau und
Regentropfen sammeln!

Das Wagilö fliegt weiter, immer
weiter.
Es wirft den Brocken Fleisch dem
Löwen zu.

Der frisst es auf und winkt mit dem
Schwanz.

Das Wagilö fliegt weiter übers
Buschland.
Am Abend sieht es endlich Giraffen.
In einem hohen Baum versteckt es
den Salat.

Die zarten Blätter schmecken den
Giraffen. Sie schwenken die Hälse hin
und her, damit man sieht, wie sie sich
alle freuen.

So fliegt das Wagilö den ganzen Tag
und fliegt die ganze Nacht.
Und morgens, als die Sonne wieder
scheint, da sieht es unten schon das
Steppenland.
Es sieht den Teich und sieht den
blauen Fisch, und auch das große und
das kleine Schlammloch und
alle andern Warzenschweine sieht
es.

Die Wurzeln wirft es in das große Schlammloch, da wundern sich die andern Warzenschweine, dass heute Wurzeln von den Bäumen fallen.

Sie quieken, und sie schmatzen vor Vergnügen.

Das Wagilö sieht ihnen zu und denkt: „Wie lustig sie alle sind. Ach, und ich? Es gibt kein anderes Wagilö, nur mich. Und nie und nie mehr kann ich armes Tier in einem kühlen schwarzen Schlammloch liegen, mit meinen Flügeln und den Straußenbeinen.“

Es sitzt allein auf einem Baum
und denkt: „Ach, wäre ich ein
Warzenschwein geblieben!"

Da schläft es ein, und morgens,
als es wach wird, da ist es wieder
grau und dick wie früher!
Es weckt sofort die andern Warzen-
schweine, alle quieken es freundlich
an.
Dann laufen sie zusammen an den
Teich und wühlen miteinander in der
Erde und liegen alle faul im großen
Schlammloch.

Da denkt das Warzenschwein, das gestern noch ein blaues Wagilö gewesen ist: „Es ist nicht wahr, dass alle Warzenschweine wie alle Warzenschweine sind, nur dick und grau. Ich war doch wirklich dumm! Das eine hat Löckchen hinterm Ohr, und eins hat einen feinen Pinselschwanz, und eins kann besser wühlen wie wir andern, und eins kann lauter quieken als wir andern, und eins kann schneller rennen wie wir andern, und eins kann schöner grunzen! Ja, und ich? Und ich kann tanzen!"
Es tanzt vor Freude, und der Mond geht auf.

Da tanzt es um das große schwarze Schlammloch, und alle anderen Warzenschweine tanzen mit!

Wolfram Eicke | Susanne Smajić

Der Pflaumenmusfänger

„Wer war das?", schrie der König.
Eben hatte er noch gemütlich beim
Frühstück gesessen, aus dem
Fenster geschaut, den Vögeln im
Garten zugehört, sich auf seinen
Geburtstag gefreut und mit Behagen
in sein Pflaumenmus-Brötchen
gebissen, da – plötzlich ein Knall.
Die Fensterscheibe zersplitterte,

Scherben flogen, der König sprang
entsetzt beiseite und etwas Hartes
krachte auf den Frühstückstisch.
Der König schaute verdattert auf die
Trümmer. Wo kam die Kanonenkugel
her?
„Majestät!" Leibwache und Diener

stürmten ins Zimmer. „Seid Ihr
verletzt?"
Vorsichtig betastete der König Arme,
Beine, Gesicht und Bauch. „Verletzt?
Nein, ich glaube nicht." Als er den
Kopf schüttelte, rieselten Zucker-
körner und Brötchenkrümel aus
seinen Haaren. Die Diener halfen ihm
beim Aufstehen; beinahe wäre der

König auf der zermatschten Butter
ausgerutscht.

Er begriff nicht, was geschehen war.
„Wer war das?", brüllte er noch
einmal und seine Stimme dröhnte
durch den ganzen Palast. „Holt mir
den Wachtposten, der die Kanone
abgefeuert hat!"

Der Wachtposten zitterte am ganzen
Leib, als er zum König gebracht
wurde. „Ich ka-ka-kann nichts
dafür!", rief er. „Eine Torte mit
brennenden Kerzen kam angeflogen
und fiel auf die Kanonenzündschnur!"

„Eine Torte? Wer schmeißt hier mit
Torten?"

Ein Minister flüsterte ihm zu: „Wir hatten beim Bäcker eine Geburtstagstorte für Eure Majestät bestellt."
„Der Bäcker also. Bringt mir den Mann her!", forderte der König.
Man holte den Bäcker.
„Die Torte flog mir aus der Hand, als ich mit einem Puppenwagen zusammengestoßen bin", erklärte der Bäcker. „Ich ritt auf meinem Esel und musste aufpassen, dass mir die Torte mit den Kerzen nicht aus der Hand rutschte. Plötzlich kam dieser Puppenwagen angerast. Darin lag der Gärtner und strampelte mit seinen Beinen in der Luft."

„Der Gärtner? Im Puppenwagen?
Bringt mir den Mann her!"
Man holte den Gärtner.
„Ich wollte gerade Äpfel pflücken

und stand oben auf der Leiter am Baum", sagte der Gärtner. Er rieb sich die Nase. „Plötzlich bin ich runtergefallen, direkt in den Puppenwagen der Prinzessin, da rollte er los. Und meine Leiter war umgekippt, weil eine rollende Mülltonne dagegengekracht ist. Es war eine Tonne mit Küchenabfällen. Mir tut jetzt noch die Nase weh."

„Aha", sagte der König. „Küchenabfälle. Holt mir die Köchin!"

„Ich kann nichts dafür, dass die Mülltonne in den Garten gerollt ist", rief die Köchin. „Sie schepperte einfach los, als hätte ihr jemand

einen gewaltigen Fußtritt verpasst.
Schuld daran ist die Gitarre, sie
sauste von oben aus dem Fenster."

Bevor der König etwas sagen konnte,
holte man den Musiker.

„Warum hast du deine Gitarre in den
Hof geschleudert?"

„Ich schleudere keine Gitarren. Ich
bin Künstler", sagte der Musiker
und warf seine Haare in den Nacken.
„Wir probierten gerade ein neues
Kunststück aus ..."

„Wir? Was heißt wir? Wer war noch
dabei?", unterbrach ihn der König.

„Mein Partner, der königliche Affe",
erklärte der Musiker. „Der Affe
balancierte die Gitarre auf seiner
Nasenspitze. Er stand am Fenster.
Dann ist er gestolpert, denn aus

dem Esszimmer Eurer Majestät
kullerten plötzlich Äpfel,
Pampelmusen und Apfelsinen – sogar
eine Wassermelone war dabei!"
„Hm", murmelte der König und
kratzte sich am Kopf.
Das stimmte. Er erinnerte sich: Die
Schüssel mit dem Obst hatte er selbst
umgestoßen. Vor Schreck, als ihm
heißer Kaffee auf die Hand gespritzt
war.
„Das kam nur, weil mir ein Klecks
Pflaumenmus vom Messer in die
Kaffeetasse geplumpst ist!", rief er.
„Schuld ist also das Pflaumenmus!"
Pflaumenmus, Kaffeetasse, heiße

Tropfen spritzen, aua, bums, Schale fällt, Früchtekugeln flitzen. Affe stolpert, Instrument poltert gegen Abfallkübel, Tonne reißt die Leiter

um, Gärtnermann fällt übel in
den Wagen der Prinzessin,
hoppla! Esel, Bäcker!
Kerzentorte löst den Schuss,
beim König gibt's Geklecker.
Der König überlegte. Dann
wusste er, was zu tun
war.

Am nächsten Morgen
war einer mehr am
Frühstückstisch:
der neue
Pflaumenmus-
fänger.

Der passte von nun an auf, ob
dem König vielleicht ein Klecks
Pflaumenmus vom Messer fällt. Den
würde er dann sofort auffangen,
damit nie wieder so ein Missgeschick
passiert.

Am übernächsten Morgen jedoch fiel
dem König das Frühstücksei aus der
Hand. Direkt auf die Katze, die vor
lauter Schreck aufsprang und dabei
die Blumenvase umstieß.
Dummerweise rutschte die
Königin in dem verschütteten
Blumenwasser aus und riss im
Fallen die Tischdecke herunter.
„Warum hast du nicht aufgepasst?",

schrie der König den Pflaumenmusfänger an.

„Für das Ei bin ich nicht zuständig."
Und so war am darauffolgenden
Morgen noch eine weitere Person
am königlichen Tisch: der neue
Frühstücksei-herunterfall-Aufpasser.
„Ha", sagte der König zufrieden,
„nun wird nie wieder ein Unglück
geschehen. Mein Frühstück ist
endlich für alle Zeiten sicher!"

Daniel Napp

Dr. Brumms neuer Pullover

Dr. Brumm hat sich einen neuen
Pullover gestrickt.
Der muss aber zuerst noch
in die Waschmaschine ...

„Damit er nicht
kratzt", sagt
Dr. Brumm.

Aber Dr. Brumm hat den Pullover zu
heiß gewaschen!
„So ein Mist!", sagt Dr. Brumm.
„Eingelaufen."

„Bin ich froh, dass mich niemand so sieht!", sagt Dr. Brumm.

„Hallo, Dr. Brumm", sagt Dachs. „Wie geht's, wie steht's?"

„Ui, ist das aber ein schöner Pullover", sagt Dachs. „So einen will ich auch!"

„Immer muss man der Mode hinterherrennen!"

Max Kruse | Roman Lang

Urmel auf dem Mond

Du kennst doch das Urmel?

Es ist ein lustiges Tier aus der Urzeit.

Es war in einem Ei eingefroren.

Professor Habakuk Tibatong ließ es

ausbrüten. Der Professor lebte mit

seinen sprechenden Tieren auf der

einsamen Insel Titiwu.

Schön waren die Tage auf Titiwu.

Aber pfön – wie Ping Pinguin gesagt

hätte –, aber schön waren auch die
Nächte. Dann leuchtete der Mond so
hell.

„Professor", sagte das Urmel, „ich
würde den Mond zu gern mal
besuchen."

„Das wird wohl nicht gehen", sagte
der Professor. „Es ist sehr, sehr
schwierig, auf den Mond zu kommen!
Man braucht dazu ein Raumschiff
oder eine Rakete, Raumanzüge und

vieles mehr. Außerdem gibt es dort nicht viel zu sehen, auf dem Mond lebt nämlich niemand."

Wutz sah den Mond ganz anders. Oft lag sie in ihrer Schlummertonne und schaute zu ihm hinauf. Sie dachte, dass viele seltsame Wesen auf ihm wohnen müssten, vielleicht Feen und Elfen und ein Mann im Mond.
Manchmal erzählte sie dem Urmel das Märchen von Peterchens Mondfahrt.
Wem sollte das Urmel nun glauben: Wutz mit ihrem Märchen vom Mann

im Mond oder dem Professor, der
sagte, dass der Mond unbewohnt
sei?

Nun – eines Tages landete ein
richtiges Raumschiff am Strand von
Titiwu.

Seele-Fant lag auf dem Felsen im
Meer, wo er meistens ruhte.
„Das öst abör wörklöch söhr
söltsam!", brummelte er. Das ist
aber wirklich sehr seltsam!
Und das war es ja auch.

Alle waren in heller Aufregung und liefen an den Strand.

Da kam Wawa und zischelte: „Das ist die reinste Tschauberei!"

Da kam Ping Pinguin und jubelte: „Pfön, pfön, eine Riesenmupfel!"

Da kam Schusch und plapperte: „Vom Hämmel hoch, da kommt es her!"

Da kam Wutz und machte nur „öff-öff".

Da kam natürlich das Urmel und sagte: „Uiii, was is'n das für ein Dings da?"

Da kam Tim Tintenklecks und staunte.

Und natürlich kam Professor Habakuk
Tibatong. Er schaute verwundert
durch seine Brille.

Aus dem Raumschiff kletterte ein
Junge. Er war sehr dünn. Aber sein
Kopf war riesig groß. Er trug einen
Raumanzug. Den großen Helm hatte
er abgenommen.
Er verbeugte sich und sagte: „Ich
heiße Otto. Ich komme von einem
anderen Planeten. Dieser Planet
kreist wie eure Erde um die Sonne.
Ich lade euch alle ein, unsere
Heimat zu besuchen. Ich bringe
euch hin und wieder zurück."

„Kommen wir da am Mond vorbei?",
fragte das Urmel. „Ich will den Mann
im Mond sehen!"
„Den Mann im Mond gibt es nicht",
sagte der Professor.
Der freundliche Weltraumfahrer

meinte: „Ein kurzer Aufenthalt auf
dem Mond ist schon möglich – wenn
es euch Freude macht."
Otto hatte für jeden einen passenden
Raumanzug mitgebracht.
Sie probierten die Anzüge gleich am
Strand an. Sie setzten auch runde,
gläserne Helme auf und konnten sich
trotzdem über Funk miteinander

unterhalten. Natürlich mussten sie erst lernen, sich im Raumanzug zu bewegen.

Sie übten also das Gehen, das Hüpfen und das Springen.

Nur Seele-Fant machte nicht mit.

„Öch wöll zu Hausö bleubön und auf dö Önsöl aufpassön", meinte er.

„Das ist gut", sagte der Professor.

„Einer sollte wirklich hierbleiben
und auf alles aufpassen. Danke,
Seele-Fant."

Noch einmal schliefen alle glücklich
und zufrieden auf der guten alten
Erde.
Nur Wutz hatte eine unruhige Nacht.
Ganz leise stand sie auf und weckte
Tim Tintenklecks.

„Würdest du mir wohl helfen,
meine Schlummertonne heimlich in
das Raumschiff zu schmuggeln?",
flüsterte sie.
„Versuchen können wir es ja", sagte
Tim Tintenklecks.
Es war aber sehr mühsam. Die
Schlummertonne war schwer.
Endlich waren sie am Strand.
Aber Otto hatte sie schon gehört.
„Das Fass bleibt hier", sagte er.
„Ohne meine Schlummertonne
kann ich nicht mitfliegen", meinte
Wutz.
„Du wirst in deinem Sessel wunder-
bar schlafen können", sagte Otto.

Also schleppten die beiden die Tonne
wieder den Berg hinauf.

Dann kam der große Tag.
Alle waren früh auf.
Wawa schloss seine Muschel.
Er streichelte sie. „Leb wohl,
geliebtes Haus", flüsterte er.
Sämtliche Türen und Fenster des
Blockhauses wurden zugemacht.

Für jeden gab es einen Sessel im
Raumschiff.
Noch brauchten sie ihre Raumanzüge
nicht anzulegen. Diese waren nur
zum Aussteigen nötig, im Weltraum
oder auf dem Mond, wo es keine Luft
gibt.
Otto zündete die Raketen.
Sie sausten in den Himmel empor.
„Auf Wödörsöhn, auf Wödörsöhn,
bleubt nöcht so langö fort", sang
Seele-Fant hinter ihnen her.

Schnell waren sie weit von der Erde
entfernt. Und schon ließ deren
Anziehungskraft nach. Sie wurden

schwerelos. Sie
öffneten ihre
Gurte, die sie auf
dem Sitz festhielten.
Sie schwebten wie Luft-
ballons im Raumschiff
umher.

Es schien kein Oben und kein Unten
zu geben.

Sie fanden es sehr lustig.

„Guck mal, Wutz fliegt so pfön wie
ein Vogel", sagte Ping Pinguin zu
Wawa.

„Ja", antwortete Wawa, „aber ich
möchte lieber nicht mit ihr
tschusammenstoßen!"

Nach einer Weile konnten sie sich
richtig bewegen.

Später schnallten sie sich wieder auf
den Sesseln fest.

Durch die Fenster
blickten sie zur
Erde zurück.

Dann dachte das Urmel an den
Mond.

„Vielleicht leben dort ja noch andere
Urmel", sagte es.

„Kein einziges", antwortete der
Professor. „Ich habe es dir doch
schon erklärt! Auf dem Mond gibt es
keine Tiere und keine Pflanzen, kein
Wasser und auch keine Luft."

„Aber den Mann im Mond", sagte das
Urmel leise zu Wutz.

Und Wutz machte „öfföff".

„Weißt du, Wawa", sagte Ping
Pinguin, „mir kommt es so vor, als
wenn wir ganz still ständen. Und
alles zieht so vorüber, die Sonne,

die Sterne und sogar die Erde. Alles bewegt sich, nur wir nicht."

„Aber das scheint nur so", sagte Otto. „In Wirklichkeit sausen wir blitzschnell dahin."

Und deshalb wurde nun auch der Mond größer und immer größer. Er wurde zu einer hellen Kugel. Und darauf war alles öde und leer.

Das Urmel schaute und schaute.
Schließlich fragte es Wutz: „Und wo
ist der Mann im Mond?"
Wutz antwortete nicht, nicht einmal
„öfföff".
Sie fand den Mond aus der Nähe viel
weniger schön als aus der Ferne.
Otto sagte, nun müssten sie die
Raumanzüge anlegen.
Sie halfen sich gegenseitig.
Dann gurteten sie sich wieder in den
Sesseln an.
Otto drehte das Raumschiff so um,
dass seine Düsen gegen den Mond
gerichtet waren.
Er zündete die Raketen.

Der Feuerstrahl wirbelte den Staub
auf.
Sie bremsten und setzten ganz sanft
auf.

Dann stiegen sie aus.

Der Professor stieg als Erster die
Leiter hinab.
Die anderen folgten ihm.
Der Boden war mit kleinen Steinen
bedeckt.
„Uiii!", sagte das Urmel erstaunt.

„Hier sind ja lauter Felsen ...“
„Ja, was du vor dir siehst, ist der
Rand eines Kraters. Ein Krater ist ein
Berg mit einem riesengroßen Loch
oben drin. Auf dem Mond gibt es viele
runde Krater. Man kann sie sogar
von der Erde aus sehen“, erklärte der
Professor.

Der Professor fand alles aufregend
und interessant.
Die anderen waren eher enttäuscht.
Aber es war komisch, sich auf dem
Mond fortzubewegen.
Ein kleiner Schritt auf der Erde wird
auf dem Mond zu einem großen
Hupfer.

Fast wie Kängurus hüpften sie
herum, nur viel langsamer.

„Bleibt bitte alle in der Nähe des
Raumschiffes", bat der Professor.

„Es darf keiner verloren gehen, wir
finden ihn sonst vielleicht nie wieder."

Sie sprachen über Funk miteinander.

Alles war ja in ihre Helme eingebaut.

Das Urmel wollte immer noch nicht
glauben, dass der ganze Mond so
wüst und leer war.

Irgendwo gab es vielleicht doch
grüne Wiesen.

Und Bäume mit Früchten.

Und andere Tiere.

Und ein anderes Urmel.

Deshalb hüpfte es immer weiter weg.
Es wollte unbedingt den Rand des
nächsten Kraters besteigen.
Es hüpfte steil bergauf.
Endlich war es oben.
Doch da dehnte sich vor ihm wieder
nur eine neue Mondwüste aus.
Nun hüpfte es bergab.
Und jetzt konnte es keiner mehr
sehen.
Und auch keiner mehr hören.
Denn die Funkwellen können
Hindernisse wie Berge nicht
überwinden.

Nach einer Weile sagte Otto: „Nun

ist es genug. Kommt wieder in
das Raumschiff. Unser Vorrat an
Sauerstoff war nicht für diesen
Mondausflug berechnet. Wir müssen
abfliegen!"
Da kamen alle schnell. Sie kletterten
und drängelten die Leiter hinauf.
Der Professor, Tim Tintenklecks,

Wutz, Wawa, Schusch und Ping
Pinguin.
Eben alle, die mitgeflogen waren.
Außer?! – Ja, richtig, das Urmel
blieb ganz allein zurück!
Niemand bemerkte es in der Eile.

Das Urmel hüpfte immer weiter und summte vor sich hin: „Ich bin ein kleines Urmel-Tier und suche auf dem Monde hier ein liebes zweites Urmel mir."

Das ging so eine Zeit lang.

Doch dann hörte es auf zu singen und zu summen.

Und da fiel ihm auf, dass ringsum alles still war, totenstill, so still, wie es auf unserer Erde nie sein kann.

Das Urmel wunderte sich. Und nach dem Wundern begann es sich zu fürchten.

Es drehte den Kopf um – aber es sah

nur zackige Steine und graue
Felsen.

Da fühlte es sich furchtbar einsam.
Na, dachte es, das sieht denen aber
ähnlich, mich so allein zu lassen.
Geschieht Wutz ganz recht, wenn sie
sich nun Sorgen um mich macht!
Es sah den Feuerstrahl, mit dem das
Raumschiff vom Mond abhob.
Dann war auch dieser verschwunden,
denn das Raumschiff flog um den
Mond herum und war schnell auf
seiner Rückseite.
So steuerte es den fernen Planeten
an, den sie besuchen wollten.
Das Urmel machte eilig kehrt.

Es hopste zurück.
Aber wo war denn nun hinten oder
vorne?

Auf diesem verflixten Mond sah ja
alles gleich aus.

Das Urmel wusste nicht mehr ein
noch aus.

Und es bekam immer mehr Angst.
Ganz allein war es nun auf dem
Mond, allein und verloren.

Es blieb stehen. Dicke Tränen
kullerten ihm aus den Augen. Die
Urmelnase lief. Seine Schnauze
zitterte.

Bald war es vom Weinen so
erschöpft, dass es kaum noch atmen
konnte.

Dann versuchte es, seine Pfoten zu
falten. Und es schickte ein Urmel-

gebet zum Himmel hinauf: „Lieber
Gott, ich bin so klein, lass mich bitte
nicht allein! Rette mich von diesem
Mond, wo kein andres Wesen
wohnt.“

Ach, wäre es doch nur nicht von den anderen weggegangen!

Das Urmel setzte sich verzweifelt auf einen Stein.

Und dann fiel es in Ohnmacht.

In seinem Raumanzug sah es nun aus wie ein zerknautschtes Federbett.

Hatte nun im Raumschiff immer noch niemand bemerkt, dass das Urmel fehlte?

Doch, Ping Pinguin stieß Wawa an
und sagte: „Pfau mal, Urmels Sessel
ist leer!"

„Ach", sagte Wawa erschrocken,
„das sieht ihm mal wieder ähnlich!"

„Meinst du, dass es auf dem
Mond geblieben ist?", fragte Ping
Pinguin.

„Ich würde nie auf dem Mond
bleiben."

„Ich auch nicht", sagte Wawa
düster.

„Was ist los, öfföff?", fragte Wutz
besorgt.

Und nun erfuhren es alle.

Da waren sie sehr erschrocken.

Aber ihr Raumschiff hatte inzwischen
die Rückseite des Mondes verlassen.
Sie konnten also das Urmel wieder
über die Funkanlage hören.
Wie matt es atmete!
„Professor!", rief Wutz. „Warum tust
du nichts?"
„Ja, ja", rief der Professor. „Wir
müssen umkehren und es suchen."

Otto drehte sofort um.

Das Urmel kam langsam wieder
zu sich. „O lieber Gott, o Wutz,
o Professor", jammerte es.

„Wir kommen, Urmel! Öfföff, ich
komme!", rief Wutz.

Und das Urmel hörte sie durch seine
Kopfhörer.

Sogleich rief es: „Hier bin ich, Wutz,
hier … hier … Ich bin nur mal ein
bisschen spazieren gegangen und
dann seid ihr weggeflogen – das war
gemein von euch!"

„Jetzt wird alles gut, mein Liebling!",
antwortete Wutz.

„So ist es recht", beklagte sich Ping

Pinguin. „Das Urmel war ungezogen und kriegt nicht mal Pfimpfe!"
„Es heißt Schimpfe!", sagte Wawa.

Es gelang Otto, durch die Funk-
signale das Urmel anzupeilen.
Dicht neben ihm landete er.
Das Urmel hüpfte mit großen
Sprüngen um das Raumschiff
herum.
Es war ungeduldig.
Wutz war es auch. Sie wollte hinaus,
zum Urmel. Sie kullerte aus der Tür,
die Leiter hinab. Sie fiel hin, direkt
auf das Urmel.
„Aua! Mein Schwanz!", rief es.

„Ach, mein Liebling, öfföff!",
schnaufte Wutz.
Und dann stiegen sie ein.
Die Tür wurde verriegelt.
Das Urmel war gerettet.

Und kaum saß es wieder geborgen
auf seinem Sessel, hatte es alle Angst
vergessen. Es fragte den Professor:

„Werde ich nun berühmt?"

„Warum denn?"

„Weil ich bestimmt am längsten
allein auf dem Mond herumspaziert
bin!"

„Das wäre ja noch pföner, erst
ungetschogen sein und dann berühmt
werden wollen", sagte Ping Pinguin
zu Wawa.

Und Wawa antwortete: „Du sollst mich nicht nachmachen. Du hast ungetschogen gesagt. Und es heißt schön mit sch! Nicht pfön mit pf."

Das Urmel schloss glücklich die Augen.

Alles war wieder gut.

Und dass das Märchen von Wutz über den Mann im Mond nicht stimmte, das wusste das Urmel nun.

Edith Schreiber-Wicke | Carola Holland

Wie kommt die Ratte auf die Matte?

Irrtum

Wie im Wahn
krähte der Hahn:
„Ich bin ein ...!"*

Interessant

Man hört, dass auch Ziegen
Sonnenbrand kriegen,
wenn sie zu lang im Strandbad ...

* Die Lösungen findest du hinten im Buch.

Der Gast

In unserem Zaun fehlt eine Latte,
durch das Loch kam eine Ratte
und schlief auf meiner Bade...

Ungewöhnlich

Sitzt ein Schakal
im Küchenregal,
ist das gar nicht ...

Geheimnis

Wohin A-Hörnchen lief,
während B-Hörnchen schlief,
steht in dem ...

Schlechte Gewohnheit

Leider schärfen unsere Katzen
auch an Sofas und Matratzen
die spitzen Krallen ihrer ...

Recht hat er!
„Ich bleib dabei",
sprach der Papagei,
„wer im Käfig lebt, der ist nicht ..."

Katze spielt
Zerbricht das Ding nach freiem Fall
mit einem Knall,
dann war's kein ...

Verkehrshindernis

Grund für den Stau
war ein eitler Pfau.
Jeder hielt an und rief: „...!"

Autsch

Es flog die Eule
gegen eine Marmorsäule.
Noch lange spürte sie die ...

Beruf

„Ich bin ein Späher",
sagte der Häher und rückte
noch ein Stückchen ...

Familienbande

Es ist ganz allgemein bekannt:
Das Mammut und der Elefant
sind seit Urzeiten ...

Beifall

Ein äußerst flinker Klammeraffe
entriss dem Jäger seine Waffe.
„Gut gemacht!", rief die ...

Fachausdruck

Der Zoologe ist vom Fache,
daher nennt er Frau Wildschwein:
Bache.
Ob du dir's merkst, ist deine ...

Verweigerung

„Ich bin manchmal fidel",
sprach das Kamel,
„aber nie auf ..."

Unvermeidlich

Es sprach die Hyäne:
„Immer wenn ich gähne,
sieht man meine spitzen ..."

Lichtscheu

Sonnenlicht ist ihr ein Graus.
Deshalb fliegt die
Fledermaus
tagsüber auch nur
selten ...

Wüstenfest

Es lud der alte Weißkopfgeier,
wohnhaft am Oasenweiher,
zu einer kleinen Wüsten...

Verwerflich
Leider verfiel
das Krokodil
dem verbot'nen Karten…

Solist
Man sah den Hasen
auf dem Rasen
ein Trompetensolo …

Kampfbereit

Der Mungo sagt: „Mir ist nicht bange
vor einer schlappen Klapperschlange!
So schnell wie die bin ich schon ..."

Langschnabel

Man sieht dem Pelikan
sehr deutlich an,
wie gut er Fische jagen ...

Grippezeit

In jenem tiefen Wellental
schwimmt ein Wal –
warum nur trägt er einen ...?

Gute Frage

Es besitzt der Kormoran
nicht Vorder- und nicht Backenzahn.
Wie er wohl Fische essen ...?

Unhöflich

Es grüßte das Gnu
höflich die Kuh,
die sagte d'raufhin
nicht mal ...

Schlechte Gesellschaft

Es war das Schaf
immer brav,
bis es die falschen Freunde ...

Dummer Vogel

Heute Mittag trank
die Wachtel
vom schweren
Wein ein halbes Achtel.
Jetzt liegt sie trunken in der ...

Gefährlich

Es bog die Eilzustellungsschnecke
in hohem Tempo um die Ecke,
fast blieb ein Käfer auf der ...

Allgemeinwissen

Es weiß alle Welt,
dass der Präriehund nicht bellt,
wenn ihm etwas miss...

Erkenntnis

Es trinkt der Stier
nur selten Bier,
auch spielt er praktisch nie ...

Mundraub

Es stahl der Kojote
mit flinker Pfote
die Wurst von dem belegten ...

Freigiebig

„Wollen Sie auch einen Zug?",
sprach der Bär mit dem Krug.
„Es ist für uns beide mehr als ..."

Vergnügungssüchtig

Es ging die Hummel
auf den Rummel
und dann auch noch zum Einkaufs...

Ungewissheit

„Brauch ich einen Pyjama
in Yokohama?",
fragte das ...

Dringend gesucht

„Biete hohen Finderlohn
für mein verlor'nes Saxofon",
verkündete der ...

Gespräch

„Im Großen und Ganzen
halte ich wenig von Wanzen",
sprach das Fräulein beim ...

Einzelgänger

„Ehrlich gesagt, ich wander
lieber allein als miteinander",
meinte der Feuer...

Kaum zu glauben

Immer zur Zeit der Morgenröte
hört man vom Teich den Klang
der Flöte.
Angeblich musiziert die ...

Erstaunlich

Im Bachgeriesel

sitzt ein Wiesel

und sammelt kleine rosa ...

Beweis

Springt der Fisch

von Teller und Tisch,

ist er noch ...

Schönheitsideal

„Werd ich meine Falten
alle behalten?",
fragte der kleine Shar-Pai den …

Fabelhaft

Ein Rabe isst nur in der Fabel
mit dem Messer und der Gabel.
In Wirklichkeit nimmt er den …

Na dann

„Rund ist schön", sagte der Igel
zum Spiegel und aß noch
einen Schoko...

Winter

Träumt das Reh
im tiefen Schnee
von Punsch und heißem Honig...?

Ende!

Piepste die Maus:
„Macht euch nichts draus,
auch schönste Bücher sind mal ...!"

Rätsel

Löse das Rätsel. Welches Wort erhältst du?

Schreibe die Buchstaben auf, die fehlen.
Setze sie der Reihe nach zusammen.

Otfried Preußler | Karin Lechler

Lauf, Zenta, lauf!

Das ist der Stoffi ...

... und das ist die Zenta.

Zenta und Stoffi sind gute

Freunde.

Manchmal

spielen sie

hinter Stoffis

Haus in der

Sonne.

Manchmal liegen sie in Zentas Hütte
und sehen zu, wie es draußen regnet.
Und manchmal steigt Stoffi in seinen
kleinen Wagen und lässt sich ...
... von Zenta im Garten herumfahren.
Lauf, Zenta, lauf!

Einmal stand die Gartentür offen, ...
... da fuhren sie bis zum Ende des
Dorfes.
Lauf, Zenta, lauf!

Sie fuhren durch Felder und Wiesen.
Sie führen über die Brücke ...
... bis an den Ententeich.
Lauf, Zenta, lauf!

Schließlich kamen sie in den Wald –
und der Wald wurde dunkel und
immer dichter.
Halt, Zenta, halt!

Wenn jetzt der böse Wolf kam?

Oder die Knusperhexe?

Oder der Räuber Hotzenplotz?

177

Wie gern wäre Stoffi wieder daheim
gewesen.
Aber er kannte den Weg nicht.
Hilf, Zenta, hilf!

Und Zenta? Wie gut, dass sie eine
feine Nase hat!
Sie schnuppert ein wenig, dann
macht sie kehrt und saust los.

Die Fahrt geht zum Wald hinaus
an den Ententeich und über die
Brücke.
Lauf, Zenta, lauf!

Sie fahren durch Wiesen und Felder.
Da ist schon das Dorf ...
... und da ist schon der Garten
mit Stoffis Haus.

Brav, Zenta, brav!
Jetzt hast du dir eine dicke
Knackwurst verdient!

Jeanette Randerath | Imke Sönnichsen

Carlotta und
das Rätsel der Zeit

„Papa, baust du eine Höhle mit mir?",
fragt Carlotta.
„Tut mir leid, mein Liebling. Ich hab
überhaupt keine Zeit. Ich muss bis
heute Mittag unbedingt den Plan
fertig haben."
Carlotta nimmt sich Stift und Papier
und malt einen Höhlenplan.

„Mama, hast du Zeit eine Höhle mit
mir zu bauen?", fragt Carlotta.
Die Mutter guckt auf die Uhr.
„Auweia, Carlotta. Die Zeit rinnt mir
durch die Finger. Frag doch Tim, ob
er mit dir spielt."

„Warte, ich fang sie auf! Ich will
mir die Zeit einmal angucken", ruft
Carlotta und holt eine Schüssel.
Aber da ist die Mutter schon aus dem
Haus.
„Tim, weißt du, wie die Zeit
aussieht?", fragt Carlotta.
„Meine sieht wahrscheinlich aus wie
eine Schnecke. Jedenfalls kriecht sie
so langsam. Aber wenn ich groß bin,
werd ich Rennfahrer."
„Hast du Lust, in der Zwischenzeit
eine Höhle mit mir zu bauen?", fragt
Carlotta.
„Nee", sagt Tim. „Aber hast du Lust,
mir dein Autoquartett zu schenken?"

„Nein, aber ich würde es gegen
dein Buch mit den Höhlenbildern
tauschen", sagt Carlotta.
„Okay", sagt Tim.

Mittags bringt Papa Carlotta zu ihren
Großeltern.

„Was steht denn da?", fragt
Carlotta, als sie an einer Ampel
halten.

„Zeit ist Geld", liest Papa das Plakat
vor.

„Versteh ich nicht", sagt Carlotta.

„Leute, die es eilig haben, denken oft an das Geld, das sie in der Zeit verdienen müssten."

„So wie du und Mama", stellt Carlotta fest.

„Ja", sagt Papa. „Wir brauchen das Geld, um die Sachen zu kaufen, die wir zum Leben brauchen. Für das Essen, Kleider und die Miete ..."

„Hmm", sagt Carlotta und denkt nach.

Alle reden von der Zeit, aber sehen kann man sie nicht.

Hinter ihnen hupt ein Auto.

„Der tickt doch nicht mehr richtig",

schimpft Papa und guckt böse in den
Rückspiegel.

„Der hat es noch eiliger als du", sagt
Carlotta. „Ich glaube, er tickt zu
schnell."

„Und deren Zeit steht einfach still",
sagt Papa und zeigt auf ein Pärchen
mitten im Autogewühle.

„Hatten die Höhlenmenschen auch
schon Uhren?", fragt Carlotta.
„Nein", sagt Papa. „Sie
sind aufgestanden, so-
bald es draußen hell
war, und schlafen
gegangen, wenn
es dunkel wurde."

„Die mussten sich nur beeilen, wenn sie von einem wilden Tier verfolgt wurden", sagt Carlotta.

Die Oma klebt gerade Fotos in ihr Fotoalbum.

„Wer ist denn diese Frau?", fragt Carlotta.

„Das war ich, als ich noch jünger war."

„Hattest du denn früher keine weißen Haare?", fragt Carlotta.

„Nein", lacht die Oma. „Früher hatte ich so braune Haare wie du. Die weißen habe ich erst mit der Zeit bekommen."

Carlotta blättert weiter. „Und was ist das für ein Baby?", fragt sie.

„Da kommt es gerade zur Tür rein", sagt die Oma.

„Opa?", fragt Carlotta und lacht. „Opa war mal ein Baby?"

„Mein Gott, wie die Zeit verflogen ist", sagt der Opa und schüttelt den Kopf.

„Und das Mädchen mit dem Kuchen?", fragt Carlotta.

„Das war meine Oma an ihrem
siebten Geburtstag", sagt die Oma.
„Deine Ururoma."
„Guck mal, sie hat den gleichen
Knick im kleinen Finger wie ich", ruft
Carlotta.

„Und wie ich", sagt die Oma und legt
ihre Hand neben Carlottas.

„Den hat sie uns vererbt und so hat
sie in uns die Zeit überlebt."

„Hast du geweint, als sie gestorben
ist?"

„Ja, sehr", sagt die Oma, „aber jetzt
ist es nicht mehr so schlimm. Die Zeit
heilt alle Wunden."

„Ich glaube, die Zeit kann zaubern",
sagt Carlotta.

„Hat deine Oma in einer Höhle
gewohnt?", fragt Carlotta und
blättert in ihrem Höhlenbuch.

„Nein", sagt die Oma. „Das war noch
lange, lange vor ihrer Zeit. Aber die

Urururururoma deiner Urururururur-
uroma vielleicht schon."
„Mussten die Leute Miete bezahlen,
wenn sie in einer Höhle wohnten?",
fragt Carlotta.
„Nein, damals gab es noch kein
Geld."

„Dann hatten sie bestimmt mehr Zeit für ihre Kinder", sagt Carlotta. „Dafür mussten sie alles selber machen: Höhlen bauen, Beeren sammeln, Tiere jagen, Kleider nähen. Und bevor die Menschen das Geld erfunden haben, haben sie die Sachen untereinander getauscht", erklärt der Opa.

„Das habe ich gegen ein Autoquartett eingetauscht", sagt Carlotta und zeigt dem Opa das Buch.

„Haben die Höhlenmenschen auch schon Geburtstag gefeiert?", fragt Carlotta.

„Sie haben wahrscheinlich gar nicht

gewusst, wie alt sie sind", sagt
Opa.

„Dann hat sie kein einziges
Geburtstagsgeschenk in ihrem
Leben bekommen, meine Höhlenoma
Knickfinger", sagt Carlotta. „Ich
wäre sehr traurig, wenn ihr meinen
Geburtstag vergessen würdet."
„Wir könnten der Höhlenoma einen
Geburtstagskuchen backen und ein
Fest für sie feiern", schlägt Carlotta
dann vor.

„Heute Abend", stimmt die Oma zu.
„Wir laden alle ein und ich baue eine
Höhle. Ich mach das jetzt selber."
„Ich baue mit", sagt der Opa.
„Ich auch", sagt die Oma.

Am Abend bringt jeder ein Geburts-
tagsgeschenk für die Höhlenoma
mit – etwas, was es in ihrer Zeit noch
nicht gab.
„Uhren bitte draußen lassen!", sagt
Carlotta, bevor sie die anderen in die
Höhle hereinlässt.
„Ich hab ein Rätsel für euch!", sagt
Carlotta, als sie alle zusammen-
sitzen.

„Was ist das: Es ist unsichtbar,
aber es kann rinnen, kriechen und
fliegen."
„Das gibt's doch gar nicht", sagt Tim.
„Knickfinger können es überleben",
sagt Carlotta.
„Was kann das denn sein?", grübelt
Mama und Oma lächelt.
„Manche haben es nicht! Und
bei manchen steht es still",
sagt Carlotta.
„Ich weiß es", ruft Papa.
„Es kann Babys in Opas verzaubern."
„Die Zeit", rufen Oma und Opa und
alle lachen.
„Herzlichen Glückwunsch zum

Geburtstag, Höhlenoma Knickfinger",
sagt Carlotta feierlich.
Als sie den letzten Kuchenkrümel
verspeist haben, sagt Papa:
„Heieiei, jetzt haben wir völlig die
Zeit vergessen!"

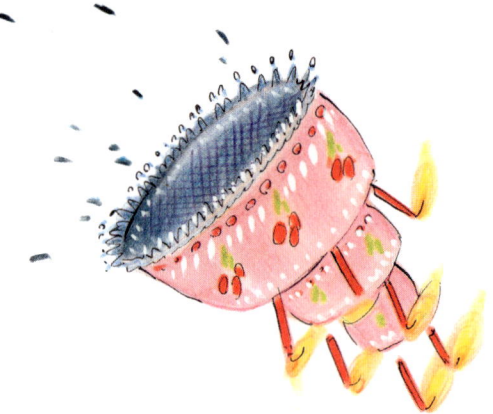

Autorenverzeichnis:

Quellenverzeichnis (Text und Abbildungen)

Sofern nicht anders vermerkt, liegen die Rechte der in diesem Band abgedruckten Beiträge beim Thienemann Verlag (Thienemann-Esslinger Verlag GmbH, Stuttgart).

Eicke, Wolfram/Smajić, Susanne: *Der Pflaumenmusfänger.* Aus: Eicke, Wolfram/Smajić, Susanne: *Der Pflaumenmusfänger.* 2004.

Ende, Michael: *Der Lindwurm und der Schmetterling.* Aus: Ende, Michael/Schlüter, Manfred: *Der Lindwurm und der Schmetterling.* 2005.

Friedrich, Joachim: *Mein bester Freund und die Außerirdischen.* Aus: Friedrich, Joachim/Schulmeyer, Heribert: *Mein bester Freund und die Außerirdischen.* 2000.

Kruse, Max: *Urmel auf dem Mond.* Aus: Kruse, Max: *Urmel auf dem Mond.* Illustrationen von Roman Lang nach den Originalen von Erich Hölle. 2001.

Napp, Daniel: *Dr. Brumms neuer Pullover (Teil I).* Aus: Napp, Daniel: *Thienemanns Quatschgeschichten. Dr. Brumm gibt Gas.* 2009.

Preußler, Otfried/Lechler, Karin: *Lauf, Zenta, lauf!* Aus: Preußler, Otfried/Lechler, Karin: *Lauf, Zenta, lauf!* 1991.

Randerath, Jeanette/Sönnichsen, Imke: *Carlotta und das Rätsel der Zeit.* Aus: Randerath, Jeanette/Sönnichsen, Imke: *Carlotta und das Rätsel der Zeit.* 2006.

Schreiber-Wicke, Edith/Holland, Carola: *Wie kommt die Ratte auf die Matte?* Aus: Schreiber-Wicke, Edith/ Holland, Carola: *Wie kommt die Ratte auf die Matte?* 2008.

Wölfel, Ursula: *Das blaue Wagilö.* Aus: Wölfel, Ursula/ Wölfel, Bettina: *Das blaue Wagilö.* 1996.

Die Rätsel stammen aus:

Reifenberg, Frank M./Wechdron, Susanne: *Codewort Risiko. Florus und die Verschwörer von Rom.* Rätsel-Konzeption: Anja Lohr. 2011. S. 83.

Schiller, Fabian/Krapp, Thilo: *Codewort Risiko. Die goldene Stadt im Dschungel.* Rätsel-Konzeption: Anja Lohr. 2010. S. 15.

Lösungen

Seite 53:   Richtige Wörter: Spinnen, Ratten, Spinnweben
             Falsche Wörter: Schuhe, Hunde, Tomaten

Seite 153ff:

Schwan	kann
liegen	Muh
...matte	traf
normal	Schachtel
Brief	Strecke
Tatzen	...fällt
frei	Klavier
Ball	Brote
Schau	genug
Beule	...bummel
näher	Lama
verwandt	Skorpion
Giraffe	Tanzen
Sache	...salamander
Befehl	Kröte
Zähne	Kiesel
aus	frisch
...feier	alten
...spiel	Schnabel
blasen	...riegel
lange	...tee
kann	aus
Schal	

Seite 173:   Galeere

Mehr über unsere Bücher, Autoren und
Illustratoren auf: www.thienemann.de

Ende, Michael/Kruse, Max/Preußler, Otfried u. a.:
Ich kann lesen! – Die besten Geschichten zum Selberlesen
ISBN 978 3 522 18521 9

Coverillustration: Astrid Henn
Einbandtypografie: Designabdrei, Sabine Reddig, Wöllstadt
CI „Ich kann lesen!": Dirk Hennig / Sabine Reddig
Innentypografie: Swabianmedia, Eva Mokhlis, Stuttgart
Reproduktion: Schwabenrepro GmbH, Stuttgart
Druck und Bindung: Livonia Print, Riga

Ich kann lesen!

Lesen macht Spaß – ob mit spannenden Geschichten oder Witzen und Scherzfragen rund um den Schulalltag.

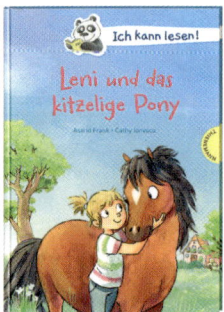

Astrid Frank
Leni und das kitzelige Pony

48 Seiten · Gebunden
ISBN 978-3-522-18503-5

Michael Engler
Wer will noch ein Dracheneis

48 Seiten · Gebunden
ISBN 978-3-522-18512-7

Dirk Hennig
Die besten Schülerwitze

160 Seiten · Gebunden
ISBN 978-3-522-18522-6